COOP HIMMELB(L)AU

经典与新锐——建筑大师专著系列

蓝天组建筑事务所

【意】加布里埃莱·内里 编著
杜军梅 译
王 兵 校

中国建筑工业出版社

目 录

006　　作品掠影

引 言
019　　失重状态下的建筑
029　　建筑师年表

建成项目
034　　法尔街屋顶改建项目（屋顶重塑），奥地利维也纳
038　　格罗宁根博物馆东馆，荷兰格罗宁根
042　　德累斯顿 UFA 电影中心，德国德累斯顿
048　　SEG 大厦公寓楼，奥地利维也纳
054　　煤气罐公寓 B 座，奥地利维也纳
060　　宝马中心，德国慕尼黑
066　　阿克伦艺术博物馆，美国俄亥俄州阿克伦
072　　洛杉矶中心区第九视觉与表演艺术高中，美国加利福尼亚州洛杉矶
080　　釜山电影中心，韩国釜山
088　　马丁·路德教堂，奥地利多瑙河畔海恩堡
092　　大连国际会议中心，中国大连

设计作品
098　　罗莎别墅，云，飞屋顶房子，伦敦
100　　城市之心，法国默伦 - 塞纳特
102　　欧洲中央银行（ECB），德国法兰克福
106　　汇流博物馆，法国里昂

建筑思想
112　　从维也纳到洛杉矶的项目

119　　参考文献

作品掠影　　　　　　　　法尔街屋顶改建项目(屋顶重塑)，维也纳，1983年/1987-1988年

作品掠影 阿克伦艺术博物馆,俄亥俄州阿克伦,2001-2007 年

作品掠影　　　　　　　　　　　　　　　　　　　　　　　　　　　釜山电影中心，釜山，2005-2012 年

下页：釜山电影中心，釜山，2005-2012 年

作品掠影　　　　　　　　　　　　　　　　　　　　宝马中心，慕尼黑，2001-2007 年

引言

大连国际会议中心,中国大连,2008-2012 年

失重状态下的建筑

蓝天组建筑事务所〔Coop Himmelb(l)au〕的设计构思建立使整个欧洲升温到前卫艺术之上,而后由沃尔夫·狄·普瑞克斯(Wolf D. Prix)、赫尔穆特·斯维茨斯基(Helmut Swiczinsky)和迈克尔·霍尔泽(Michael Holzer)于1968年在维也纳正式成立事务所,迈出向艺术与建筑进军的第一步。在一个建筑开发强度非常低的城市,建筑实践的干涸带来了广泛的不安。在他们领导维也纳人开展这一运动的那些年,实际上导致建筑反思、通过艺术手法提供假设的思考和生活的社会现状受到了大范围的污染。"一切皆为建筑"是汉斯·霍莱因(Hans Hollein)——这个城市风气方面象征性人物的格言之一:为此关于居住的调研必须向其他学科开放,也为了批评的假设视角和可选择的现实生活。华尔特·皮希勒(Walter Pichler)、雷蒙·亚伯拉罕(Raimund Abraham)、君特·多明尼戈(Günther Domenig)等在内的很多人都与霍莱因一起——蓝天组建筑事务所也在其中——许多人称之为维也纳分离派版本的"激进建筑",该运动夹杂着设计和艺术概念、工程和科幻、功能和学生示威。实际上这与"分离派"的模式通过不同的视角重新解放并重新追寻建筑的原始含义。

事实上,他们的组合不是一个普通的建筑工作室,而是这一时期非常典型的"合作"形式:也让人想到意大利的阿基佐姆设计工作室(Archizoom)、超级工作室(Superstudio)、斯图姆小组(Gruppo Strum)和UFO工作室;奥地利的鲁克尔公司(Haus-Rucker-Co)和缺失链条工作室(Missing Link);美国的蚂蚁农场(Ant Farm)、Onyx等,都有非常强烈的集体社会主义气息,从中可以看出当时建筑主要表现的是用自由的语言表达不同的观点,而不只是主导人的独家观点,寻求一个合作作品来诠释多种可能性。正如这个打破 *Himmelblau* 这个词的明显而额外的括号:没有翻译为"合作的蓝天",但是省略了一些内容,意思变成"建在天空的合作社"(*bauen* = 建造),或者类似的一些意思。于是,括号则作为一种遗产(或添加)而不愿意删去。这个天蓝色还与悲怆的先锋运动蓝骑士产生共鸣,其投射出的乌托邦情节对表现主义起到了推波助澜的作用。

云

蓝天组建筑事务所的设计都是以空气开场。你可以看到外壳使用了必要时可充气的塑料膜的住宅单元、可以用于避难的头盔和宇航服,以及巨大的"气泡"作为交通工具。20世纪60年代确实是"太空热"的时代,人造卫星提供动力和肯尼迪的项目升级影响着公众想象:像《2001太空漫游》《星际迷航》、简·方达主演的《太空英雄芭芭丽娜》和由汉纳·巴伯拉制片公司制作的卡通连续剧《杰森一家》,都在1962年播出。但如果在星际令人无法呼吸的大气层和维持生命所必须的子宫似的尺度之间,膜(或宇宙飞船)作为过滤器,蓝天组设计的胎盘在地球的作用不是为了保护我们,而是让我们穿越了"其他"尺度。实际上,这些作品被更明确地称为"装置"是因为它们可以容纳一些东西,用已成型的外皮形成组群,预示着建筑从静态的石头解放到未来游牧之旅,正如云的形状一样变幻莫测。1968年的设计项目不是偶然称作"云":单薄的金属结构支撑着一个充气球,而内部拥有称之为家的一切。又或者罗莎别墅(1968):一个充气住宅,当不需要的时候可以折叠放入手提箱中。

受到英国建筑电信派（Archigram）——通过同名非官方期刊最有效地预言了行走都市和预见了互联网小工具、手机及衍生物的直接影响。同样明显的是与巴克敏斯特·福乐的创造发明、史密森的明日之屋 (1955)、雷纳·班汉姆的著作的相似性和责任感。然而，最典型的是盎格鲁－撒克逊"科技主义"的影响，蓝天组建筑事务所的设计表现相对于其他的激进派之当代反思是平易近人的，其中的晶体管和微芯片自身没有价值，而其技术装置的本质在跨越1968年的学生抗议活动中使爆发社会解放的需求得以实现。与1969年的白色套装类似的装置是豪斯－拉克－科（Haus-Rucker-Co）的意识拓展体 (1967) 以及皮希勒（Pichler）的视听头盔 (1973)。刺激视觉、听觉和嗅觉的精神植入物将人类对于建筑的反应从作为简单的用户改变成为积极的主体（或"推动的"）。网络人（虚拟现实体验者）与莱昂纳多·达·芬奇的维特鲁威人以及勒·柯布西耶的模数人差异非常大。另一方面，至于他们关于充气单元的住宅研究，与其说像真实的美国航天局项目，倒不如说更接近于存在主义的超级工作室 (Superstudio) 的"历史记录"。

归功于装置设计和很有特点的城市和环境设计，蓝天组的活力已经开始超越国界。特别是在20世纪70年代初，维也纳人狂热的景象进入了意大利并在那里发生了共振，登上了 Casabella 杂志，继而在亚历山德罗·门迪尼的激进方向下，探访了奥地利并记录了普瑞克斯（Prix）和斯维茨斯基（Swiczinsky）的作品 (1971年迈克尔·霍尔泽离开事务所)。《维也纳交响乐团》是发表于1974年 Casabella 杂志的一期文章标题，其中写到蓝天组建筑事务所，与皮希勒（Pichler）、霍莱因（Hollein）、马里奥·泰尔齐奇（Mario Terzic）、弗朗齐歇克·莱萨克（Frantisek Lesák）、麦克斯·潘特纳（Max Peintner）及缺失链条工作室（Missing Link）一并做了介绍。

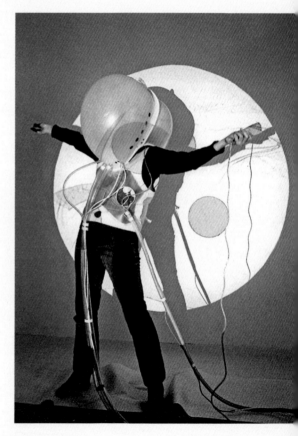

引言　　　　　　　　白色套装 1969年

点燃建筑

如果云可以作为建筑设计的参考，空气可以是一种建筑材料，那么这同样适用于火。它出现在 1978 年的炽热公寓（Hot Flat）项目，一个冗长的公共空间穿过整个住宅体块，以巨大的火焰形玻璃屋顶作为结尾。两年后，在格拉茨大学的院子里，事务所安置了炽天翼（Blazing Wing）——一个 15 米高被喷了燃料的金属结构。12 月 12 日"翼"开启，燃放大火并伴随着大喇叭里的噼里啪啦声（玻璃制成的防护装置爆炸）。这是一个缅怀 10 年前的吉米·亨德里克斯的篝火与其吉他的仪式，还有焚烧亚历山德罗·门迪尼最著名的椅子（Lassù）。"建筑必须燃烧，"普瑞克斯说，"建筑应是燃烧的、如针刺的、光滑的、坚硬并棱角分明的、残酷的、圆的、细腻的、色彩艳丽的、淫秽下流的、懒洋洋的、有吸引力又令人反感的、干或湿的、悸动的、生或死的。如果冷，就冷如寒冰；如果热，就炽似火焰。"

在这些表现的背后，他们从强调事务所的两个基本原型作为出发点。首先，他们肯定建筑的社会角色：炽热公寓的设计基于公共空间（横穿的带状服务空间、"火焰"下的庭院等）与单个公寓之间必要的互补性的理念，公寓的用户可以完全自由地进行组合（也为了降低造价）。这种做法，普瑞克斯在 1982 年的《开放体系》中写道："不会再有封闭空间：只有根据使用者的选择而模糊、划分和改变空间的定义。"然而，一种平衡的本质是由无私的电视、电话、视频和立体声设施的网络构成的，它们将始终与媒体相连，从而使当代城市保持活力。

形式上，蓝天组的设计中出现了几何扭转系统的习惯。它由虚线、倾斜表面和体量的跳跃组成，并且没有以静态方式约束建筑物构成部分的任何比例性，在未来几十年中将成为其项目的某种特征。

比较炽热公寓和几年前的"充气建筑"，蓝天组的设计有了些明显改变。事实上，20 世纪 70 年代中期，表演和装置性质的主题已经不再适用并逐渐被那些并非昙花一现的建筑所替代，它们带来了选择和深化其他备选方案的可能性。总而言之，就蓝天组建筑事务所而言，激进建筑的突然衰落引领了对不同研究的探讨。在他们与典范主题的建筑实践（建筑内部更新、独立式住宅项目、城市设计）的"和解"过程中，重点转移到最重要的建筑语言和内在动态上。

在此意义上来说，从"空气项目"中得到启发的现实可选方案被另一种维度替代：脱离了单纯功能性的、纸上谈兵的建筑词汇，很快成为这个维也纳工作室的重要特征字符。正如吉阿尼·贝特纳（Gianni Pettena）1996 年曾写道，激进运动曾经是"一个向新的现代转变的过渡时期，从这个意义上来说，后现代主义和解构主义是发展演化下产生不同结果的例子"。

炽天翼，1980 年

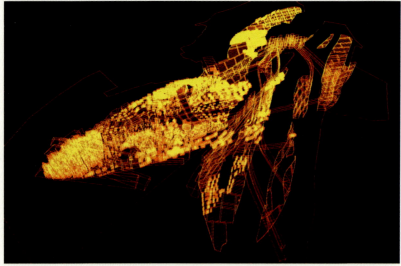

上图：开放住宅，1983 年

下图：能源城市——面向 2050 年的研究，从 2012 年

引 言

解构主义

20世纪80年代蓝天组建筑事务所在国际建筑讨论中崭露头角。经过很多实践——包括展览和少量的实际项目，1983年事务所收到一个项目委托。而这个项目将是他们的第一个杰作：一个离奥托·瓦格纳的邮政储蓄银行几步路距离的维也纳19世纪晚期的历史建筑屋顶阁楼的改造。一个律师事务所需要扩大办公室面积，要求面对平静的哈普斯堡的城市肌理而毫不让步，表达了反对后现代主义模仿的立场，此论点同年蔓延："我们厌倦了帕拉第奥和其他那些历史面具"，普瑞克斯大声疾呼，"因为在建筑中我们不想排除任何元素，即使它令人不安。"

与文脉的关系是他们10年间很有特色的创作主题：表现在室内改造项目中——赖斯酒吧（1978）、乐特·恩格尔酒吧（1980-1981），鲍曼工作室（1985）等。表皮和汁液之间的张力营造了多角洞穴，就如同电影《卡里加利博士的小屋》的表现主义的舞台背景（我们生活在西格蒙德·弗洛伊德的城市里）；或者是通过加建一个新屋顶的方式，在19世纪的维也纳罗纳合剧院（Ronacher Theater）里唤醒一个昏睡的没有实现的尝试。正如在法尔街（Falkestrasse）的最新项目，屋顶整个被掀开，取而代之的是一束无序的梁钢骨架，像某种史前动物的骨架或是东方的米卡多棍棒游戏。

1988年既是阁楼项目完工，又是获得荣誉的一年，包括蓝天组建筑事务所在内的7个主要建筑事务所在纽约现代艺术博物馆（MoMA）做了题为"解构主义"的展览。即使策展人——菲利普·约翰逊（Philip Johnson）和马克·威格利（Mark Wigley）立即明确表示解构主义不应该被理解为一种新"风格"，但这种标签已经形成。维也纳的"阁楼"、盖里（Gehry）在圣莫尼卡设计的酒店公寓、里勃斯金（Libeskind）的拼贴（成就了柏林的犹太人博物馆）、库哈斯（Koolhaas）的城市假说，埃森曼（Eisenman）的"手稿"、哈迪德（Hadid）疯狂的碎片以及屈米（Tschumi）扭曲的拉维莱特公园的网格：从传记到观点乃至截然相反的观点，所有的方案都指向复杂不规则的几何形状，指向对结构表达的使用，不确定性作为力量、复杂性的教条、符号的交叠直至完全无法辨认。

通过对俄罗斯构成主义时期的参照，引出一个可以应用在纽约现代艺术博物馆（MoMA）的恰当定义，这就如同与雅克·德里达（Jacques Derrida）和其他哲学家思想的链接（而后双方也都否认或者重新定义距离），尽管他们不是用相同的模式发挥作用，但仍是主要的参考文献。毋庸置疑和显而易见的是库哈斯和哈迪德受惠于埃尔·李思兹基和俄罗斯构成主义艺术家；很明显地，蓝天组为了提升建筑复杂程度，着重把其理论知识应用在建筑语言的褶痕上；就像埃森曼已经从20世纪70年代开始尝试德·索热尔（De Saussure）语言学结构主义、福柯（Foucault）哲学和乔姆斯基（Chomsky）思想，注重就项目本身用内在语义的阐释。然而，似乎用这些理智主义去贴近流行且不拘形式的激情更不适宜，如盖里的手法，或对于库哈斯的引证和蓝天组的燃烧建筑的拜物主义，尽管与塔特林（Tatlin）、切尔尼霍夫（Chernikhov）、梅尔尼可夫（Melnikov）的形式发源地类似，却没有延续俄国革命的一贯手法。从切尔尼霍夫到沃尔夫·狄·普瑞克斯（Wolf D. Prix）之间的确需要考虑这些年的维也纳在地理和年代上更接近的现象：例如重新解读20世纪70年代德国表现主义建筑在奥地利取得的成就,特别是观察弗雷德里克·凯斯勒的作品,为"令人不安"和远离直角的建筑实践创造了肥沃的土壤。我们试想格拉茨学校(在那里普瑞克斯点燃了炽天翼)成员创作的建筑和意义深远的设计,如君特·多明尼戈(Günther Domenig)非常著名的维也纳银行——在卷曲的立面之后是交叉纠缠的彩色金属梁,唤起蓝天组使用了很多非常宝贵的手法。

X 射线

蓝天组一直强调他们的设计手法,以至于几乎成为一个传奇。维也纳工作室事实上就像地震的中心一样,被仪式般地追寻,这让我们想起神迹显露时的仪式:就像两个萨满巫师一样,普瑞克斯和斯维茨斯基将自己隔离在前瞻建筑的边缘,并不考虑面积和功能之类的问题,以便在雪白的纸上倾注他们的思想并逐渐地整译其组合游戏。"我们从不研究方案,而是研究如何画图。我们也从不谈论建筑,因为害怕其根深蒂固的限制,被可行的实用观点和相似环境下已有的东西所影响。"

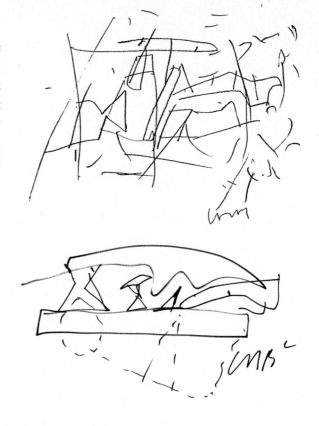

然而,最初的设计草图并不是诞生在铅笔笔尖,用瓦萨利的话来说,它来自"工匠的狂热",通过与同伴的语言交流传达出来的概念,通过强调一个词(仔细拍照和分析)的同时挥动的双手与肢体语言,来自面对图纸却紧闭双眼的入定状态,来自把打火机当作一个表达工具。技术方面它们令人想起杰克逊·波洛克的泼洒画、伊夫·克莱因的人体彩绘和超自动主义背后的概念。其结果是一个不考虑空间和结构并且自由尺度的思维导图,"淡化所有材料限制并且颠倒因果关系"。

设计制图期间或之后,就开始对三维模型进行具体操作。这通常同时进行:项目组中的一人在纸上进行绘制并将其作为基础,组中另外的人则深化实物模型。通过扫描模型——最初这是一个漫长而繁琐的工作,现在用三维扫描仪只需要很短的时间——开始一个关于交叠的游戏,看到有形的线条和曲面交织在一起,混合着充满本能的建筑设计的草图。尚未决定它们是平面图、剖面图或者立面图:目前它存在于X射线之中,"体验的示意图"来自与符号和观感的分层结构,仍对任何可能开放。"对我们来说,重要的是建筑自身的解放"。

上图:格罗宁根博物馆草图
下图:宝马中心草图

而从第一声啼哭开始，一切就已经存在。蓝天组的草图和模型被解读为一个立体派的图纸，这里没有正交系统或透视，但项目将遵照"建筑空间的精神分析"而发展。这种莫测高深可以适用于各种情况：1992年设计格罗宁根艺术馆东馆时创作的第一个草图，最终用于洛杉矶的展览而在一个舞台布景设计中得以实现。在第一种情况下它被解释为植物，在第二个设计中则作为整个剧场剖面的准则。

20世纪90年代

随着罗宁格艺术馆东馆(1993-1995)的设计，普瑞克斯在一个平行六面体内使其内部迷宫式的展览空间与皮拉内西的"监狱"的近似性近乎燃爆，开始了新一季设计的大胆尝试。1988年蓝天组更是在洛杉矶开创了一个新工作室，追随另外两位维也纳建筑师——鲁道夫·辛德勒和理查德·伊特拉——使自己逼近盖里、艾瑞克·欧文·莫斯、汤姆·梅恩（墨菲西斯建筑事务所）以及其他加利福尼亚学派的"弄潮儿"。天使之城和维也纳城市模式之间的差异是一种示范，同时也是蓝天组城市规划的方式：概念上的多样、无序、混杂和层化，事实上这构成了他们在法国默伦－塞纳特的项目（1986-1987）总体规划的特点——在这里城市蔓延的威胁抵消了基础设施和城市肌理的高密度化。在2008年威尼斯双年展上，普瑞克斯介绍了一项基于神经科学家沃尔夫·辛格研究的"大脑城实验室"，探究大脑结构与城市发展之间可能存在的相似性。作为设备存储和处理信息，大脑和城市既作为"开放系统"，也发挥突触，其首要功能就是发展未来大都市的组织与策略模型。

一直以来，蓝天组思考着集体住宅的问题。在维也纳的SEG大厦公寓楼（1994-1998）中，最终形成的住宅设计原则比炽热公寓早20年：公共区域应根据开放系统的逻辑，使其功能和内部的多样化获得完全自由。而在炽热公寓中有一个技术性的外立面处理，这使得它能够缓解温度变化的影响。一个有趣的案例是B号煤气罐改造工程。这些构筑当年是为了向奥地利首都供应煤气，现在则需要用公寓充满其内部。这个项目需要在中空的巨大圆柱体中插入居住单元，从中庭和古典立面的开敞处引入光线；在一侧支撑体量弯曲的全玻璃建筑，并在煤气罐的下部设置多功能活动空间。

城市环境和文脉的融合与对抗成为解读蓝天组全部设计事业的过滤器，但是他们的作品集中开始出现大量的独立主题的建筑，这带来了自由几何图形重复出现的结合与相关的城市理论。德累斯顿ＵＦＡ影视中心（1993-1998）是一个厚重的混凝土体块和插入地面的晶体结构的结合体。这让人想起保罗·希尔巴特和布鲁诺·塔特的《玻璃建筑》，也印证了SEG公寓楼和煤气罐改造工程中所采取的策略——使功能成为一个邻里公共空间高密度化的精确的规划政策。在俄亥俄州的阿克伦艺术博物馆（美国，2001-2007）的螺旋桨阁楼——自1973年飞屋顶安装以来的一个永恒的元素——它意图延伸建筑形体（以及建筑的冲击力），甚至超出了项目用地范围；位于洛杉矶市中心一所高中内的一个雕塑感的塔（2001-2008）与对面的由拉斐尔·莫内奥设计的天主教堂彼此呼应，同时将这座建筑塑造成城市地标。

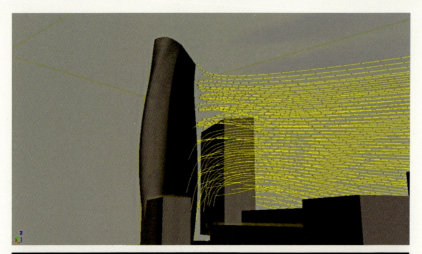

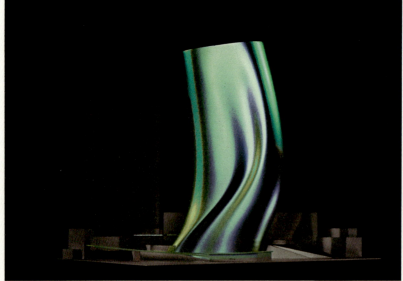

上图：厄尔德伯格塔的风力研究
下图：埃德贝格塔的 CB21 模型，维也纳，自 2012 年

引 言

重新回到"云"的主题，这次的更新得益于逐步采用最新的信息技术。事实上，日内瓦的9号云项目（1995）遵循物理定律下云的形成，是为了塑造混合了公共和办公空间的一种悬浮在空中的形态，用建筑替代了大自然的参数——如风、湿度、密度等。将它们的熵置入有利于激活城市现象的关系中，于是这个隐喻就不只适用于一个单一的建筑："云是表示国家快速变化的符号；它们在不断变化的条件相互作用下形成和转变。在慢动作视图中，城市发展中的建筑似云团一般"。

巴别塔

通过复杂的软件和诸如布林和格罗曼的工程研究的贡献，建筑学与气象学崭新的关系使得蓝天组建筑事务所最新的现象学设计非常有特点，使其脱离了几十年前的棱角设计。尽管证实了许多过去的"冲动"——结构形态、"装配"技术、对于有限性和比例的厌恶，如螺线的建筑图、悬挑的屋顶、"双锥形"等，再如慕尼黑的宝马中心（2001-2007）、韩国釜山电影中心（2005-2012）、大连国际会议中心（2008-2012）、法国里昂汇流博物馆（2002-2014）等。这些项目似乎抛弃矿物学和古生物学，以表达一个仍然存在的世界，但它依然可以在任何时刻生还。

锋利的角度转化成圆形和流线型；建筑被具有特殊的鳃式装置的超技术表皮所覆盖，以控制热环境；构成建筑的元素似乎在寻求一种统一（即使很乖张），而不是相互传染。然而，近年来蓝天组建筑事务所主要探索的主题之一就是摩天大楼，设计了数十个旨在将密度的概念引向垂直，而不是一直追求的功能性城市超载。

设计项目和策略繁多：纽约贸易中心方案（2001）、都柏林的U2塔地标方案（2003），的黎波里的三千市场塔（2007），我们发现构成之字形摩天大楼的重叠立方体和菱形六面体；或多或少带有巴洛克风格般扭转而通常成对分布的摩天大楼，如玛尔摩（2006）、洛杉矶（2005）、瓜达拉哈拉市（2005）、新加坡（2008）；还有目前处于研究阶段的维也纳埃德贝格大楼，通过空气动力学研究风对建筑的影响而产生的建筑形式。

经常使用的手法是在百米高空插入通廊连接建筑，抑或用控制的侵蚀手法刻画钻石体块，从而营造眩晕的迷幻感。

在蓝天组的设计中，天空与建筑的关系从第一个项目直到最近一个仍然保持稳定，尽管其方式、方法和情况产生了深刻的变化。

不同的后勤基础（维也纳、洛杉矶、法兰克福、巴黎），工地遍布全球，从他们最新的设计中可以看出，各种形式和类型的设计手法被广泛使用，150人合作的相互协调，都致力于追求最优和克服障碍，以实现对其事务所名称的诠释：朝向天穹的努力。"巴别塔建造者没有钢筋混凝土，"普瑞克斯在1995年写道："为了完成它，我们使用了混乱复杂的语言"。

建筑师年表

1968	由沃尔夫·狄·普瑞克斯、赫尔穆特·斯维茨斯基和迈克尔·霍尔泽在维也纳成立蓝天组建筑事务所；
	玫瑰别墅，云
1969	维也纳的航天飞行气球仓装置、白色套装、灵魂翻转
1970	奥地利施韦夏特的硬质空间
	维也纳的软质空间
	维也纳的广场行为互动装置
1971	维也纳的城市足球表演
	瑞士巴塞尔的躁动球——巴塞尔接触表演展示
	迈克尔·霍尔泽离开事务所
1973	伦敦飞屋顶住宅
1976	维也纳的城市舞台布景大型云景——超音速工程
1977	维也纳瑞斯酒吧
1978	炽热公寓（项目）
1980	格拉茨的表现与装置：炽热翼
	摩纳哥的翼板温度项目
	维也纳的罗特恩格尔（1981年竣工）
1982	当下建筑展览设备在斯图加特艺术协会
	城市表皮装置在柏林美术馆展出
	普雷米奥（Premio）柏林基金会建筑艺术奖
1983	加利福尼亚马里布的开放式住宅（设计项目）
	维也纳2号公寓综合楼（设计项目）
	维也纳的法尔街屋顶改建（1988年竣工）
1984	沃尔夫·狄·普瑞克斯作为伦敦建筑协会的鲍曼工作室的客座教授，维也纳（1984年结束）
1985	沃尔夫·狄·普瑞克斯成为SCI-Arc的兼职教授（1995年竣工）
1986	法国梅伦-塞纳特的城市心脏（竞赛一等奖）
1987	奥地利格兰河畔圣法伊特的3号投资工厂,(1985年竣工)
1988	蓝天组建筑事务所参加纽约现代艺术博物馆的解构主义建筑展览
	在洛杉矶成立事务所新办公室
	获得维也纳城市建筑奖
1989	建筑进步奖（1990年和1991年同样获此奖项）
1990	沃尔夫·狄·普瑞克斯被聘为美国马萨诸塞州剑桥哈佛大学的客座教授
1991	奥地利塞伯斯多夫的办公研究中心（1995年竣工）

1992	法国巴黎蓬皮杜艺术中心的《建造天空》的独立回顾展
	德累斯顿德国卫生博物馆（竞赛一等奖）
	德国比蒂希海姆 - 比辛根的上城门（竞赛一等奖）
	德国纽伦堡的开发城市公园（竞赛一等奖）
	摩纳哥美术学院（竞赛一等奖，2005年建成）
	获得埃里希·谢林建筑奖
1993	沃尔夫·狄·普瑞克斯被维也纳应用艺术大学聘为教授
	德累斯顿UFA电影中心（1998年竣工）
1994	格罗宁根博物馆
	维也纳SEG大厦公寓楼（1998竣工）；SEG公寓街区重组（2000年）
1995	日内瓦的9号云"UNO GENF"
	维也纳的B号煤气罐改造工程，（竞赛一等奖，2001年实施）
1996	蓝天组建筑事务所代表奥地利参加威尼斯双年展，由汉斯·霍莱因（Hans Hollein）策展
	洛杉矶当代艺术博物馆的"天堂笼"展览：琪琪·史密斯（Kiki Smith）和蓝天组建筑事务所
1999	海恩堡水塔（竞赛一等奖）
	维也纳维纳伯格城市公寓楼（2004年竣工）
	沃尔夫·狄·普瑞克斯获得了加利福尼亚大学洛杉矶分校哈维·佩洛夫（Harvey s. perloff）教席
2000	奥地利格拉茨的鲁迪·格尼瑞奇（Rudi Gernreich）展设计：时尚将会过时
2001	德国慕尼黑宝马中心（竞赛一等奖，2007年竣工）
	美国俄亥俄州阿克伦艺术博物馆（竞赛一等奖，2007年竣工）；
	法国里昂汇流博物馆（竞赛一等奖，预计2014年竣工）；
	维也纳施拉克什奥斯加塞办公与公寓建筑（竞赛一等奖，2005年竣工）
	欧洲钢铁设计奖
2002	洛杉矶市中心第九高中表演艺术中心（2008年竣工）
	瑞士贝尔瑞士2002世界博览会艺术论坛
	丹麦奥尔堡音乐之家I（竞赛一等奖）
	维也纳利辛啤酒厂住宅楼（竞赛一等奖，2011年竣工）
	蓝天组建筑事务所参加了第八届威尼斯建筑双年展和奥地利格拉茨的"隐藏的乌托邦"展览
2003	美因河畔法兰克福的欧洲中央银行（竞赛一等奖，预计2014年完成）；
	丹麦奥尔堡的音乐之家II（预计2013年完工）
2004	沃尔夫·狄·普瑞克斯获得伦敦英国皇家建筑师协会的安妮斯宾卓越建筑教育奖

2005	韩国釜山电影中心（竞赛一等奖，2012年竣工）
2006	赫尔穆特·斯维茨斯基离开事务所；
	意大利"云顶"——加尔达湖滨市的展馆扩建设计（竞赛一等奖）；
2007	西班牙萨劳特斯文化中心（竞赛一等奖，设计阶段）
	中国深圳当代艺术馆和城市规划展览馆（竞赛一等奖，在设计阶段）
	维也纳MAK的"蓝天组建筑事务所：湛蓝之上"展览
	国际建筑奖
2008	中国大连国际会议中心（2012年竣工）
	奥地利多瑙河畔海恩堡的马丁路德教堂（2011年竣工）
	中国深圳四塔（竞赛一、二等奖）
	克罗地亚萨格勒布的武科瓦尔酒店（竞赛一等奖）
	德国慕尼黑迷你剧院空间（2008-2010）
	英国皇家建筑师协会国际奖，英国皇家建筑师协会欧洲奖以及世界建筑节奖
	蓝天组建筑事务所用两个装置参加第六届威尼斯建筑双年展：重访1969航天飞行气球仓－反馈空间和大脑城市实验室。蓝天组建筑事务所在2009年东京展览的呼应：重访未来詹克斯奖：颁发给沃尔夫·狄·普瑞克斯2008视觉建造奖
2010	MIPIM建筑回顾未来建筑可持续发展奖
2011	阿尔巴尼亚地拉那的阿尔巴尼亚开放议会（竞赛一等奖，在设计阶段）
	韩国釜山的专题展览"建筑是媒体，媒体是信息"
	壁纸2011设计奖（类别："最佳建筑工地"）
	德达洛米诺塞国际奖
	红点奖：产品设计奖（类别："建筑"）
2012	维也纳CB21埃德贝格大厦（设计项目）
	建成巨型建筑：韩国釜山电影中心和大连中国国际会议中心
	蓝天组建筑事务所在维也纳、洛杉矶、法兰克福和巴黎设有事务所，如今由沃尔夫·狄·普瑞克斯、哈拉尔德·克里格（Harald Krieger）、卡罗琳·施米德鲍尔（Karolin Schmidbaur）以及不同的项目合伙人（迈克尔·贝克特（Michael Beckert）、路齐厄·京克（Luzie Giencke、安德列·格拉泽（Andrea Graser）、赫尔穆特·霍利斯（Helmut Holleis）、马库斯·皮尔霍夫（Markus Pillhofer）、马库斯·普罗斯尼格（Markus Prossnigg）、沃尔夫冈·赖特（Wolfgang Reicht）、弗兰克·斯戴裴（Frank Stepper）、迈克尔·沃尔克（Michael Volk）。由大约150人的团队组成

建成项目

法尔街屋顶改建项目（屋顶重塑），奥地利维也纳
格罗宁根博物馆东馆，荷兰格罗宁根
德累斯顿UFA电影中心，德国德累斯顿
SEG大厦公寓楼，奥地利维也纳
煤气罐公寓B座，奥地利维也纳
宝马中心，德国慕尼黑
阿克伦艺术博物馆，美国俄亥俄州阿克伦
洛杉矶中心区第九视觉与表演艺术高中，美国加利福尼亚州洛杉矶
釜山电影中心，韩国釜山
马丁·路德教堂，奥地利多瑙河畔海恩堡
大连国际会议中心，中国大连

宝马中心，慕尼黑，2001-2007

法尔街屋顶改建项目（屋顶重塑）

奥地利维也纳，1983 年 /1987–1988 年

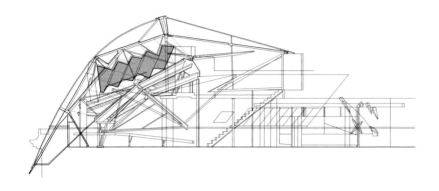

沃尔夫·狄·普瑞克斯说："没有比看到新建筑更让维也纳市民们觉得恐怖的事情了。"尽管如此，蓝天组建筑事务所为自己在奥地利首都的第一个杰作赋予生命，甚至在1988年纽约现代艺术博物馆的"解构主义建筑"展览上提前庆祝了它的完成（得知项目即将实现是巨大的惊喜）。为了扩大19世纪后期历史建筑的律师事务所办公室，普瑞克斯和同事们决定撕开屋顶，注入无序的钢和玻璃，与周围的环境完全不和谐，否定任何比例和任何颜色参考，以及旧建筑的纹理和材料。

乍一看是无序状态，类似雅可夫·切尔尼霍夫（Yakov Chernikhov）的建筑幻想。聚焦外观，可以在草图的初稿中看到它，由此开始领悟到一个逻辑：用金属弧分割空间碎片——这是在蓝天组建筑事务所的项目中反复出现的结构象征——沿建筑平面对角线方向设置了一组由钢梁和玻璃组合而成的弧形元素，形成了整个改造中的"脊柱"，其他部分依此展开。为调节通风和采光的标准而形成建筑体，用精心设计的千变万化的框架分解周边城市，这让人想起了基思·理查兹（Keith Richards）在滚石乐队的《给我庇护》（Gimme Shelter）中的独奏，这首曲子是滚石乐队的纪录片配乐。

回到最初的表达，人们不禁想了解，在一个对于改变它高贵的天际线完全没有宽容的城市，他们是如何逃脱惩罚的。"这个阁楼的翻新设计非常困难，因为我们无权更改屋顶材料和坡度。于是我们向维也纳市长展示了一个模型，询问他是否认为这是建筑。他答在他看来，这似乎是艺术，所以我们感谢他，因为艺术不受建筑法规的约束。于是我们成功地实现了我们的项目。"

建成项目　　纵向剖面图

从周围屋顶拍摄 夜视图

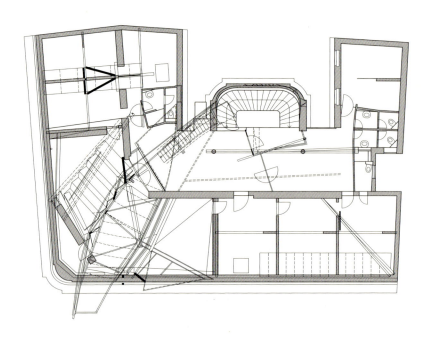

建成项目 　　　阁楼平面图 　　　空间内部视图

格罗宁根博物馆东馆

荷兰格罗宁根，1993-1994 年

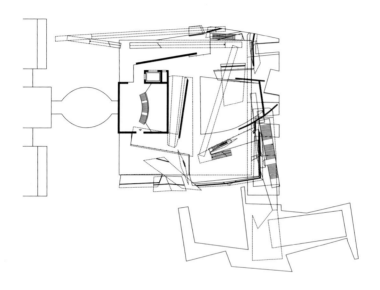

格罗宁根博物馆东馆项目是综合博物馆的一部分：亚历山德罗·门迪尼（Alessandro Mendini，20 世纪 70 年代意大利激进派的主角）和项目的主管弗兰斯·哈克斯选择将博物馆的各个部分分别委托给不同的建筑师进行设计，而不是只请一位建筑师。邀请的建筑师有菲利普·斯塔克（Philippe Stark）、米迦勒·德鲁奇（Michele De Lucchi），以及放弃弗兰克·斯特拉（Frank Stella）之后而邀请的蓝天组建筑事务所。根据后现代思想之子的分层概念，这个名单的逻辑相对于单一无用的连贯性更喜欢共存的活力。

一如既往，一开始是草图，同时利用三维模型模拟进入展览空间的光线，然后进行数字化处理。其理念是把展馆设计为一个头部：一个坚硬的外壳（建筑）和专用于展出艺术作品的多孔可塑性的内部空间。在精准地划出人造岛范围的平台上，普瑞克斯和斯维茨斯基将表面炸裂的方形体量冻结在不稳定的平衡状态，极致化了格里特·里特维尔德（Gerrit Rietveld）的新塑造主义，并让人想起弗拉基米尔·塔特林（Vladimir Tatlin）的反浮雕之一，而内部是后工业审美取向。举办从 16 世纪伊始的绘画展览空间事实上像一个工厂，但是否定一切理性原则而分解成空中悬浮的梁，没有任何直角角落和公共走廊的空间形成了目不暇接的景观。

建成项目　　　展览空间平面

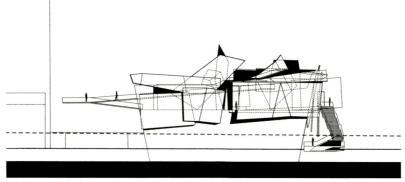

上图：运河面向展馆的视角
下图：横向剖面图

蓝天组建筑事务所的方式和几米之遥的其他同事之间单纯布置的差距是显而易见的,但仍然存在对话空间。门迪尼用压层纹理装饰的东馆地下室类似于普鲁斯特扶手椅,这个维也纳小组设置的沥青刺青在炽热的红色金属碎片上回荡:只有专业的眼睛才能识别极限放大的项目最初草图。所有结构在造船厂预制,然后将每件作品放到船上,再运到新格罗宁根卫城。

建成项目　　　　展厅内部　　　　　　　　　　　　　　　　　　　　　　　　　　　对页:垂直交通空间

德累斯顿 UFA 电影中心

德国德累斯顿，1993-1998 年

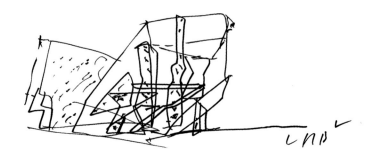

蓝天组建筑事务所一直强调当代公共空间面临的危险局面。缺乏资金的城市管理部门实际上倾向于将其出售给私人投资者，这些投资者在利润的逻辑下造出单一功能的建筑，从而削弱了我们城市的生命线。这个维也纳小组用德累斯顿的一个多厅电影院项目回应和对抗这种威胁，项目利用首要功能催化异构功能并与周围城市结构重新连接，超越建筑维度，实现更广泛的城市规划战略。

庞大的素混凝土体块与嵌入地面的水晶体组合形成了一个步行交通空间与公共空间的拼贴，并赋予空间文化活动和多媒体表演内容。

主要体量的矩形平面与混淆功能的倾斜垂直面相对应，包含 8 个影厅共 2600 个座位的影院，并且局部被安全楼梯轮廓撕裂，类似深层伤口似的外立面。晶体悬挂式悬臂在一侧呈现出大胆的姿态，这却不是出于精确的经济考量：由于地面的产权比"空中"的产权更昂贵，因此最有利的解决方案是不让它触地。形式和朝向所表现出的明显的随机性来自于对于周遭城市环境和交通轴线进行的城市分析的重新阐释，继续沿用类似于同年的格罗宁博物馆东馆项目中的垂直交叉的坡道和悬索桥。透过巨大的玻璃立面可以看到游客队伍从外面一直到达位于这个矿物状体量中心的空中酒吧：一个双锥形类似鸟笼，上面覆盖着一根钢丝绳。

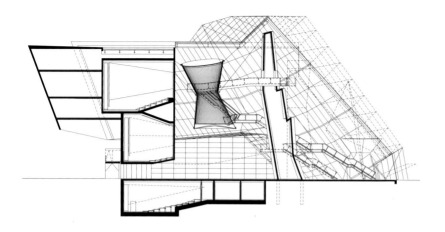

上图：横截面

下图：大堂局部

建成项目

大堂局部

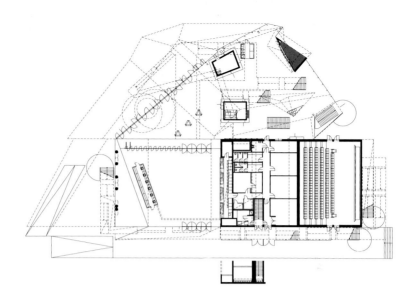

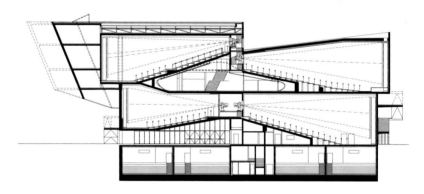

对页：室内大台阶
上图：首层平面图
下图：电影厅剖面图

SEG 大厦公寓楼

奥地利维也纳，1994-1998 年

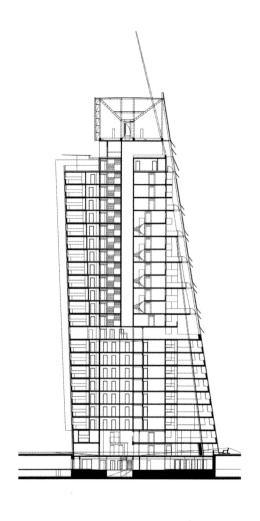

由蓝天组建筑事务所设计的维也纳 SEG 大厦是新多瑙城区建设社会住房计划的重要部分。旨在为市民提供丰富、经济和灵活的生活空间，以满足各种需求。大厦高 60 米，由一个作为公共区域的空中大厅隔开的两个体块叠加组成，正如勒·柯布西耶的马赛公寓一样，都是为社区居民提供服务。70 套从 55 平方米到 130 平方米完全自由分割的公寓：承重结构最简化，每个租户可以决定他们喜欢的形式，并且可以在将来逐渐地继续建造他们的住所。

这些试图表达基于 20 世纪 70 年代炽热公寓（Hot Flat）原则特征的具体化，但是没有燃烧的隐喻，对于环境的舒适性给予了极大的关注。SEG 大厦项目的关键点实际上是侧立面的倾斜玻璃幕墙：这不仅是使建筑倾斜的一种有效的方法，而且是建筑的有机组成部分，也是这个维也纳小组在接下来的几年里一直非常关注的内容。建筑体块交接的中央核留出空间，以保证气候、声学和能源的调控，可以理解为综合技术系统的一部分。建筑东南和西南侧为玻璃幕墙，混凝土核心筒以及大厦屋顶的一个帽状的黑色体块实现了大厦内部与外面的能量交换，其保持或释放的能量都有利于大厦内部气流循环。

相互渗透的体块也取决于太阳和风的角度，对应不同材料（水泥、玻璃、金属和用于建筑底座的石材），于是建筑的各个立面各自不同。

建成项目　　　　　临街视图　　　　　　　　　　　　　　　　　　　　　　　　对页：大厦纵向剖面图

建成项目　　倾斜立面的细部

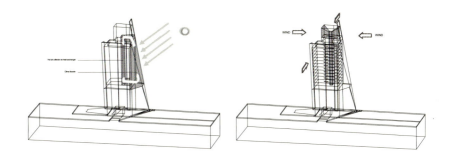

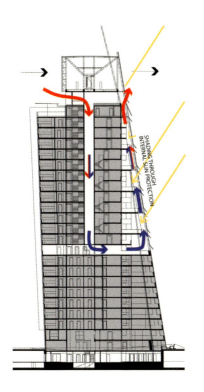
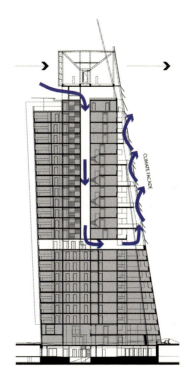

建筑物的冷热空气循环示意图

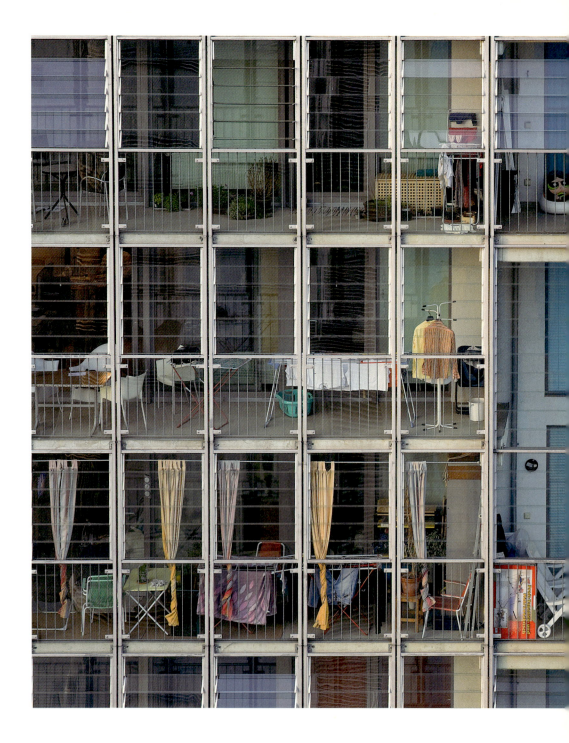

建成项目　　　　　　立面细部

立面细部

煤气罐公寓B座

奥地利维也纳，1995-2001年

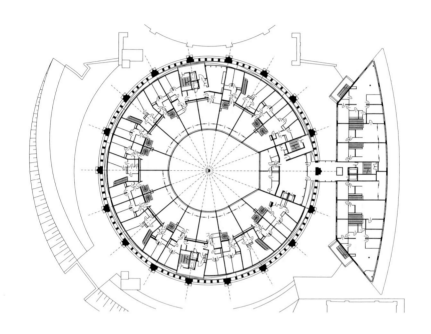

弗兰茨·约瑟夫皇帝下令改造4个巨大的类似古典圆形剧场的燃气储存罐，以此缓解了维也纳对碳氢燃料的渴求，经过项目竞标，这个多年废弃的建筑群将改造为住宅，并被委托给多个建筑事务所——包括让·努韦尔（Jean Nouvel）、曼弗雷德·韦多恩（Manfred Wehdorn）、威尔海姆·霍兹鲍尔（Wilhelm Holzbauer）和蓝天组建筑事务所。普瑞克斯和斯维茨斯基忠于其城市设计的密度和复调的想法，在现存巨大的神圣遗址中故意增加了一些看起来有点矛盾的体量。对应着竖框窗、小型拱券、深红色砖支墩，第一次冒出了一座盾形的玻璃钢结构的建筑，这座盾形大厦在中间部位弯折，似乎是为了和老建筑亲近。这座大厦与燃气储存罐内部的圆筒一样，设有办公室和330户大小不同的公寓，经过精心混合去感染模

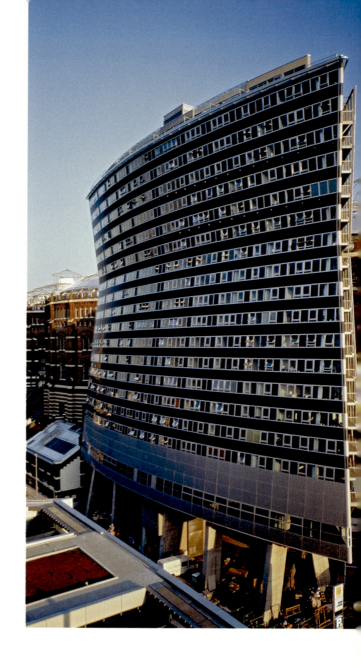

建成项目 "盾"建筑

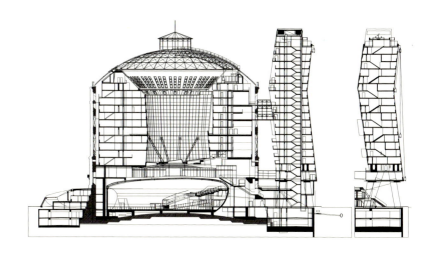

式和生活方式。在大圆筒的底部，有一个包含3000座的地下礼堂和大型多功能厅，并设置有单独的通道为其服务。根据公寓径向布置需要而精确研究的采光由完全覆盖在中庭的天窗和旧建筑的垂直单元切割所保证。

煤气罐城市（Gasometer City）是一个与地铁站相连的娱乐购物中心，提供各种服务，几乎是一个自给自足的飞地；通过自由的方式复活的一个工业的"墓地"。建筑干预工作非常艰巨，并且要承受一些人的非议。于普瑞克斯而言，从历史的角度看，这个项目和他在海外从事的很多项目相比较的话，城市环境问题并不那么棘手，这同时也是维也纳和欧洲建筑文化更新的标志。

上图：剖面图
下图：旧燃气储存罐与新身体之间相遇的细节

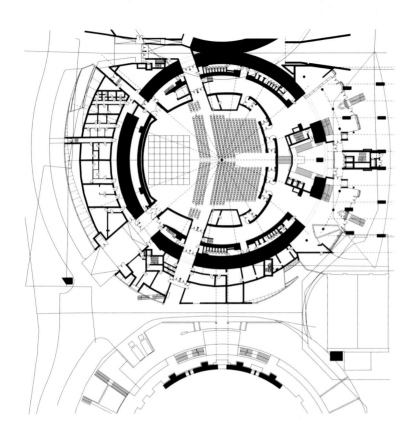

建成项目　　　　　地下室平面图

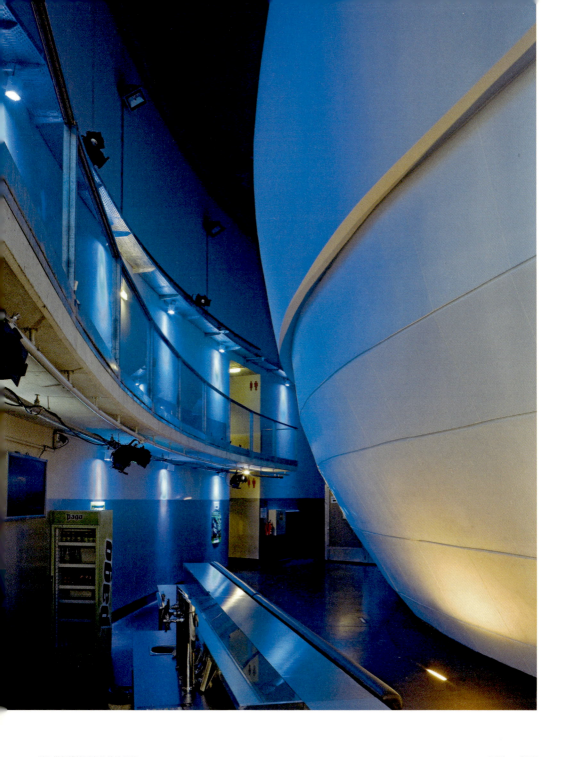

插入煤气罐地下室的体块细节

宝马中心

德国慕尼黑，2001-2007 年

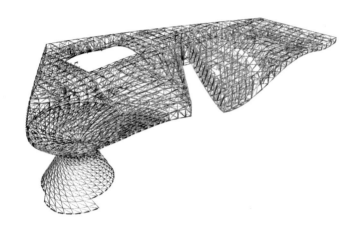

"如果风至少拥有身体，所有惹恼和冒犯凡人的事情都是无形和虚构的，尽管这种虚构只是对象而不是媒介。这其中有很特殊的非常细微的区别，充满叛逆！"这句话源于赫尔曼·梅尔维尔（Herman Melville）最著名的小说，也是这群维也纳建筑师肥沃的灵感源泉。

自第一个"云"以来，蓝天组已经将气候作为他们建筑的参考点，坐落于慕尼黑集汽车销售和体验综合为一体的宝马中心正是走这一路线的代表，它象征了某种偶然的结果，但却非常重要。由于与布林格与格罗曼（Bollinger and Grohmann）结构事务所密切合作，使得建筑由残酷冲击皮阔德号捕鲸船（Pequod）的暴风转化为飓风源，并显现出12级飓风的迅猛和无法预料的特性，这样的理念被实现为建筑体量。

建筑体量控制了巨大的大厅空间，尤其是变幻莫测的屋顶；变幻的云映射出待销产品的生机勃勃之感。普瑞克斯非常确信地说："我们创造的空间像 BMW 的汽车一样快。"

这座速度与激情相结合的建筑由两个双圆椎体的旋风眼构成，这是德累斯顿"鸟舍"的放大版，都是通过承受很大的水平推力来支撑屋顶。盘旋而上的汽车专用斜坡呈现螺旋状，穿越整个展览厅。其他的"主题展厅"是新车

上图：建筑整体效果
下图：特殊的外部空间

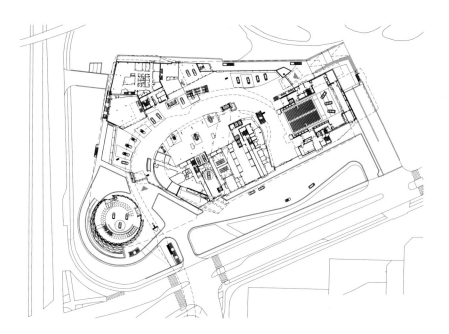

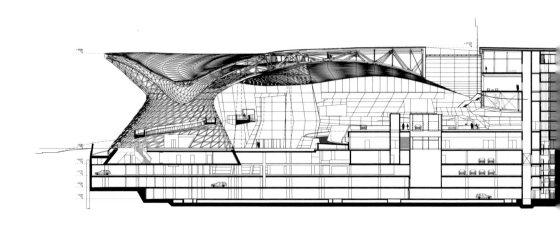

上图：建筑鸟瞰图　首层平面图

下图：剖面图

建成项目

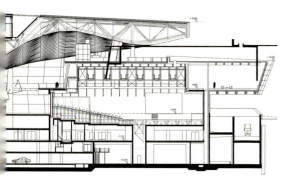

发布厅,是个明星般的中心区域,备妥的车辆通过透明电梯送到客户交付区;配备有一个剧场和会议空间的礼堂可容纳1200人;一个多功能区域的塔,可以俯瞰附近的奥林匹亚公园和由建筑师卡尔·施旺哲(Karl Schwanzer)于1972年设计的宝马总部(巧合的是,他是普瑞克斯的教授)。

宝马中心每天吞吐约250辆汽车,精细调控进入和排出空气量的通风系统,通过负压消除废气并将能耗降至最低。"然而,我重申和发誓,总有温暖和光荣的东西,在风中,"这是《白鲸》的续……

展销厅　　　　　　　　　　下页:屋顶细节图

阿克伦艺术博物馆

美国俄亥俄州阿克伦，2001-2007 年

即使在位于俄亥俄州中心的 20 万人口的阿克伦城，蓝天组也必须处理历史建筑遗存的问题。旧邮局由詹姆斯·诺克斯·泰勒（James Knox Taylor）在 19 世纪末设计建造，1981 年被改造成博物馆；但实际上它已经小得无法容纳新的收藏品。

根据建筑群的传统命名法，博物馆由三个不同部分组成：水晶体、云顶和美术馆。所有部分连接在一起，形成一个逐渐回落到地面的整体，然而背后的所有触手都向外延展。水晶体作为门厅连接现有建筑，已有德累斯顿和其他项目的丰富经验；内部空间采用其惯用的错综分布的垂直游览交通布局，以及避免浪费能源而详细研究的微气候系统。在它旁边是一个看似悬在空中的铝外皮的扁平长方盒子，空间里的柱子数量减到最少，以方便展览空间开阔灵活。这个展厅为保护展品免受阳光侵害，设计时考虑完全阻挡自然光进入建筑。

建筑的标志——飞屋顶，它通过展开的翅膀为博物馆遮挡阳光，并成为一个新的城市地标。

由布林格（Bollinger）和格罗曼（Grohmann）设计的流线型钢结构组成的"云"形屋顶，用穿孔板覆盖，并露出支撑骨架。为了支撑云顶，他们设计了一座坚固的从外面不可见的混凝土塔和一个分叉的柱子，使金属支架透露出生命力。

总体构图是强烈和充满暴力的；然而，用铝的灰色色调和玻璃的透明度作为连续性基础，从更明显的视角看，建筑整体几乎构成了它们脱颖而出的背景，反映了它们自己、颜色以及旧邮局的体量。

建成项目　　　项目草图

悬臂屋顶的入口处

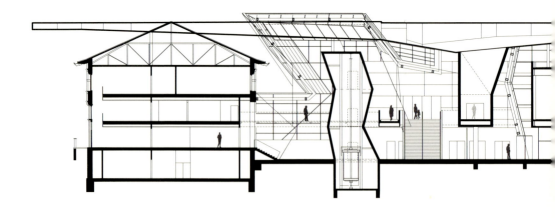

上图：俯视图 旧邮局和新建筑

下图：剖面图

建成项目

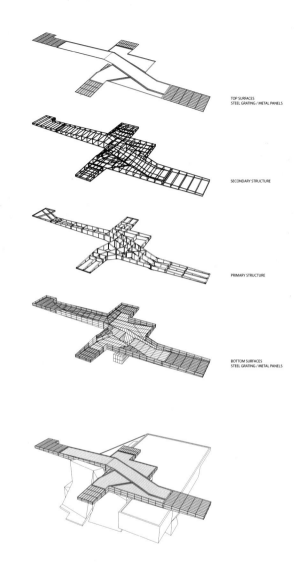
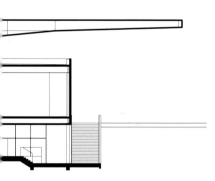

顶部表面
钢格栅 / 金属面板

次要结构

主要结构

底部表面
钢格栅 / 金属面板

屋顶结构的元素草图

建成项目　　　　　　上图：俯视图
　　　　　　　　　　下图：街景视图　　　　　　　　　　　　　　　　　　　对页：新门厅

洛杉矶中心区第九视觉与表演艺术高中

美国加利福尼亚州洛杉矶,2002-2008 年

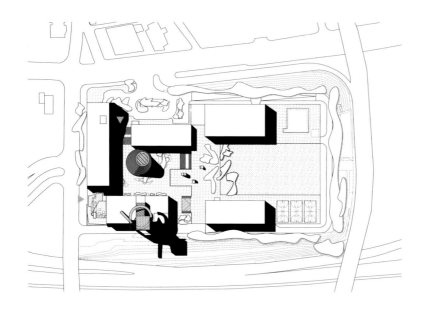

位于洛杉矶市中心,距约翰·范特(John Fante)的邦克山(Bunker Hill)仅一箭之遥,如今弗兰克·盖里设计的沃尔特·迪士尼音乐厅就坐落在这里。蓝天组用多功能建筑和大量的公共空间创造了一座致力于艺术的城堡。设计思路受到国际象棋的启发,并赋予这一雄心勃勃的城市项目以国际象棋棋盘形式:绘制了一个正交网格和一个"盒子"来定义项目地块的周长,在棋盘的关键节点处放置了三个雕塑元素的建筑作为棋子,可以引导学生与环境进行对话。这并非偶然,2006 年,事务所设计了 Pavilichess 国际象棋套装,并于 2010 年为阿塞拜疆巴库的国际象棋学院项目进行了总体概念性设计。

金属塔是最引人注目的部分——风格化的马?——被一条螺旋形的坡道环绕,并且这条坡道向西南延伸至好莱坞高速公路,它与对面拉斐尔·莫尼奥(Rafael Moneo)设计的天主堂钟楼彼此呼应构成双塔格局,同时将这座建筑塑造成城市的新地标。不远处的棋盘一个拐

建筑设计总平面图

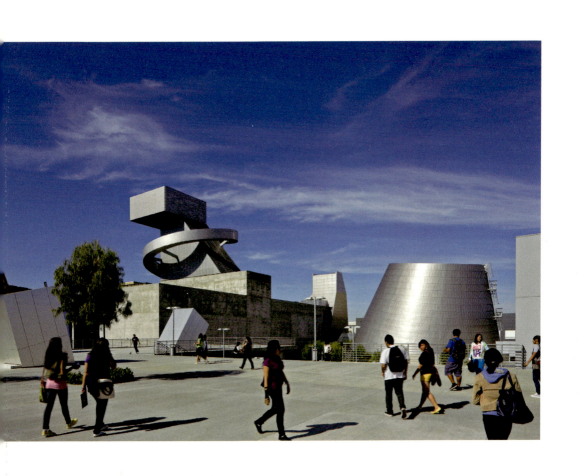

内广场视景

角处，大厅的倾斜轮廓提供了主要入口；穿过入口，可以看到图书馆圆锥体的身躯，图书馆室内的主要自然光源来自顶部的圆形天窗和喷砂不锈钢板的外皮。除了公共区域、体育馆、休憩处和办公室，中心还有一个大型混凝土剧院，曲线元素的轮廓——显然应称之为"云"——可以改善剧院内部的声学效果并定义内部空间。圆形大窗也是经常出现的形状，打破了教学建筑的刚性几何形体块。由于必须对项目的地形进行处理，事务所将包括楼梯和露台在内的公共空间分为三个不同级别，上面布满丝状花坛，这些花坛在灰色背景中引入了绿色闪光点，被选为反射加利福尼亚阳光的中性色调。

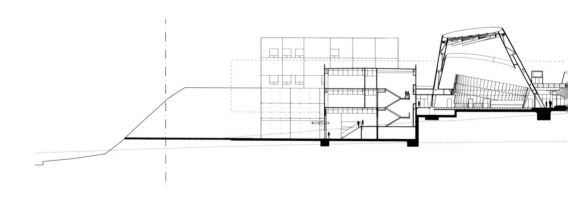

综合体剖面图

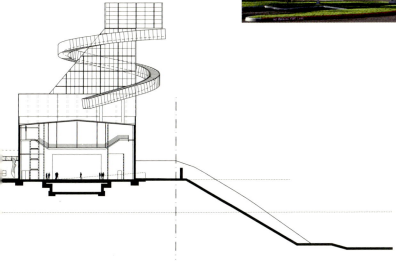

上图：校园入口
下图：大厅的街景视图

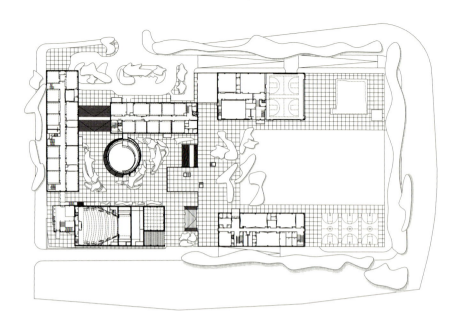

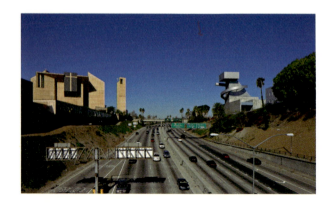

上图：总平面图

下图：好莱坞高速公路的两侧，金属塔与拉斐尔·莫尼奥设计的大教堂的钟楼形成鲜明对比

建成项目

塔的细节

建成项目　　　图书馆室内

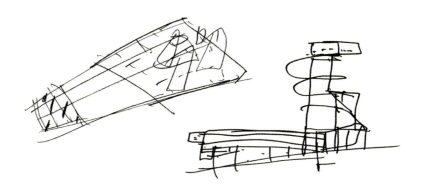

上图：设计草图
下图：主剧场内部空间

釜山电影中心

韩国釜山，2005-2012年

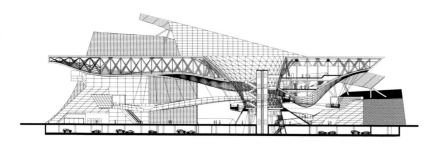

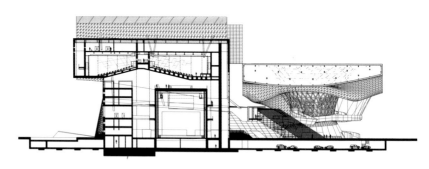

釜山电影中心是蓝天组以东方视角的第一个项目，是亚洲最重要电影节之一——釜山国际电影节（BIFF）的举办地。

这一综合体设计中融合媒体、科技、娱乐和休闲活动等元素，布置在32000平方米的公共空间中，并分成两个核心组。左边是电影山：这是一幢多功能建筑，有三个放映室和一个可容纳1000人的大型剧院，也可用来举办音乐会和戏剧表演。右边是必赴丘：这是一座设有会议厅、视觉媒体中心、办公室、餐厅等的人造"山丘"，它使露天电影院栩栩如生。也可以这么说，

为了获得秩序，两个巨大的钢制天幕顶被设计出来，也就是复制了一个"人造天空"，配备了LED投影系统进行可变换方式的照明。最大的屋顶规模为60米×120米（相当于一个足球场的大小），由具有入口功能的钢和混凝土的"双锥"体支撑，使建筑屋顶的85米悬挑成为可能。从双锥体延伸出许多空中路径，这些空中路径像绳索一样连接着建筑综合体的各个部分，正如在不同项目中见到过的螺旋形坡道。慕尼黑高技术表现结束后，这个维也纳小组着眼于过去的例子，以"飞翔屋顶"为主题在此进行了实验。

建成项目　　　建筑剖面图

上图:俯瞰 从河上看综合体视景
下图:公共空间视景

下页:城市语境中的建筑

普瑞克斯强调:"在文艺复兴时期和巴洛克时期,屋顶形式变成穹顶以获取特殊价值。同时,奥斯卡·尼迈耶和勒·柯布西耶认为屋顶不仅是简单的保护元素,而且是将生命赋予不同概念的框架。"

釜山电影中心(BCC)于2011年9月开工,2012年完全竣工,并且已经计划进一步的扩展,以使电影中心与周围的公园和水路相融。

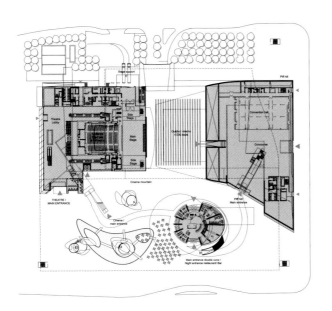
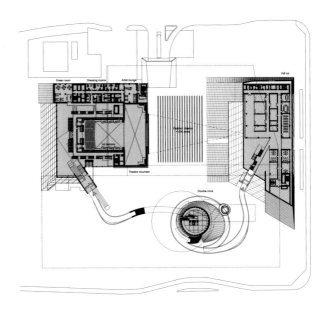

二层平面图和四层平面图

上图：屋顶下的公共空间视景

下图：剧院

建成项目

对页：剧院看台的细部

马丁·路德教堂

奥地利多瑙河畔海恩堡，2008-2011 年

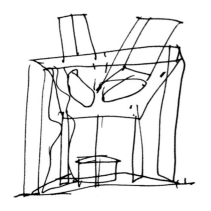

在不到一年的建设时间里，奥地利海恩堡（Hainburg）镇在镇中心原教堂的基地上新建了一座小教堂及其附属建筑。1999 年，蓝天组赢得了展览中心的竞标。中央走廊将建筑物纵向分割，圣餐室、教室、办公室、卫生间、花园等两侧排布，用不同类型的屋顶彰显其特点。第一个厅是礼拜堂，加长的平面，屋顶上有经常重复出现的元素——圆形天窗。这可以联想到洛杉矶高中的外墙或者丹麦的奥尔堡音乐之家项目都是从屋顶采光。

在方形祈祷室上方，蓝天组通过计算机辅助设计，沉浸于塑造一个介于烤蛋白和被风缠绕的纱巾形状的韧性屋顶。实质上他们有两个参考：第一个是几米外的中世纪藏尸骨罐子，轮廓已经过数字化处理（变形）生成更多自由曲线造型；第二个是 20 世纪 50 年代勒·柯布西耶在拉图雷特修道院的光炮形式。追随最后一个案例，海恩堡教堂三个巨大天窗将光线引入室内。三个天窗的数量"三"，与基督教"三位一体"的概念契合，可以理解为一个"蓄意的巧合"。曲线和圆形也回归到内部的布局中：讲坛是由几乎是人形的弯曲金属制成，其后，是像格鲁耶尔奶酪一样的穿孔木板封闭信徒的视野。教堂入口处是一座 20 米高的极具雕塑感的钟楼，在背景中脱颖而出，成为新的城市地标。像在格罗宁根和其他项目一样，建筑物屋顶的所有构件都是在造船厂预制的：只有航海业使用的技术才能控制这种复杂的几何形状和复杂的金属加工。

建成项目　　　研究草图　　　　　　　　　　　　　对页：入口和钟楼

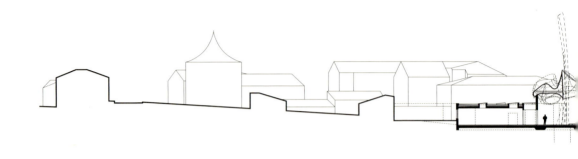

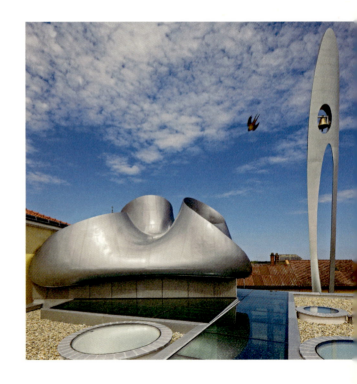

建成项目　　　城市剖面图　　　屋顶细节

礼拜堂内景

大连国际会议中心

中国大连，2008-2012 年

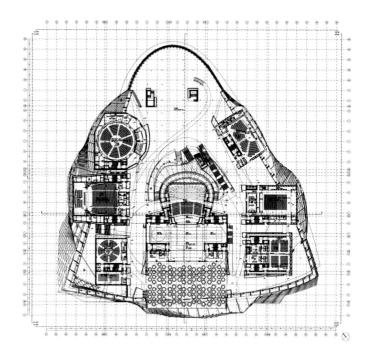

地面层平面图

像当代中国许多城市中心一样，大连是中国最重要的港口之一，是国务院批复确定的中国北方沿海重要的中心城市。通过地区的大规模改建，这座城市的面貌正在迅速变化，并渴望寻找新的辨识度更高的地标建筑来见证这种发展。

新会议中心位于城市发展区中轴线的终点，蓝天组认为，考虑到亚洲传统建筑的起伏空间以及波浪纹路产生的柔软表面，紧凑而不规则的块状外皮，可以像贝壳一样保护内部空间。内部设置有公共区域——可容纳2500坐席的会议大厅和活动空间、一个展览中心、众多辅助功能空间以及一个可容纳1600坐席的大剧院，剧院内设计有三个起伏的平台。

从结构的角度来看，这个动物般的结构是由两个5-8米的钢结构组成的三明治系统，两

建成项目

个结构通过立面连接起来，创造了可以承重的壳结构。整个结构高于地面7米，有14个钢筋混凝土的垂直核心支撑。造船厂的专业技术再次为项目提供了基础知识，折叠了构成建筑物的许多金属构件，共使用了3万吨钢材，造就了85米的跨度和40米的悬挑。

蓝天组在项目中关注可持续性和节能设计：建筑以热泵来利用海水的热能：夏季制冷、冬季供暖。采用低温系统加热，结合作为热质量的混凝土核心筒，从而保持建筑内部气温的恒定。以太阳能电池板结合建筑的形体来生产能源。建筑外立面也为实现这一目标作了特殊处理，立面开缝可以保证充足日光，还有空气进入剧院和各个空间，同时提供给游客良好的景观。

综合体河景

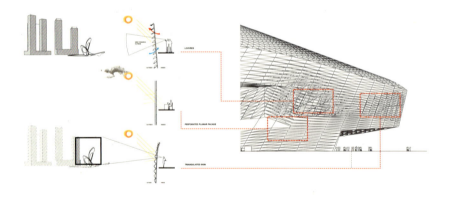

上图：立面"鳞片"细节

下图：外墙节能分析

建成项目

上图：大厅和流动空间
下图：主要大厅

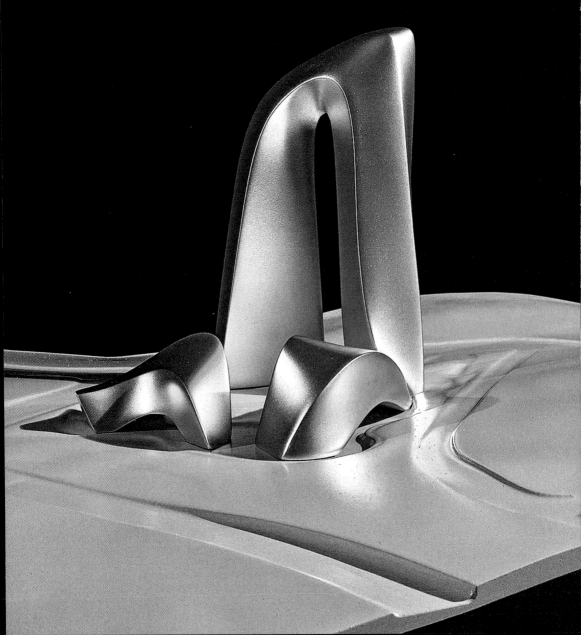

设计作品

罗莎别墅，云；飞屋顶房子，英国伦敦
城市之心，法国默伦 - 塞纳特
欧洲中央银行，德国法兰克福
汇流博物馆，法国里昂

豪华酒店，中国重庆，2012年

| 罗莎别墅，1968 年 | 云，1968 年 | 飞屋顶房子，英国伦敦，1973 年 |

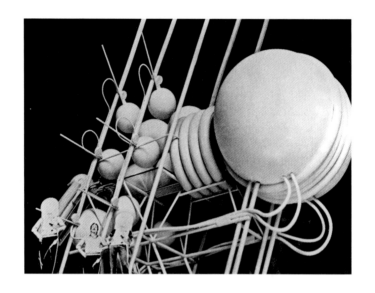

蓝天组受到 20 世纪 60 年代太空热的感染，但最重要的是受到了维也纳前卫文化的感染，开始进行气动结构和太空服的制造，这是对游牧生活和独立生活的向往。在罗莎别墅中，将硬件（轻金属结构）和软件（可充气部件）结合在一起，整合成了一个音乐和视频投影的系统，一边聆听一边呼吸通过通风系统引入环境中的香气（相对于声音和图像而言要谨慎配给）。还有一个头盔形状的手提箱，宇航员可以给一个带有床的起居空间充气。

按照同样的思路，他们制作了"云"，为其系列建筑做了一个愉快的比喻，并且沿用至今。"云是可居住的有机体，它的结构是可移动的，空间是可修改的，它的构成材料是空气和动力"。

这些项目融合了游戏的维度和技术（"技术是为了达到目的，而不是达到目的的手段：建筑师是内容而不是壳"）、非常规的生活方式和对现实的逃避；这些项目表达了建筑电信派观点的影响，也包括游牧建筑、乌托邦，以及同时代的很多其他"激进分子"的感官与实验建筑。

设计作品　　　罗莎别墅，1968 年

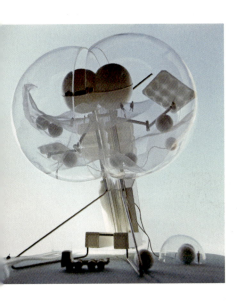

除了"云"之外,伴随蓝天组整个职业生涯的另一部分是"飞屋顶"。在成为技术要素之前,"飞屋顶房子"概念的价值初次表现于1973年伦敦的一个装置,由建筑联盟的学生们实现。在准备要拆除的已经剥离了主体的房屋顶部安装有一个气球,它似乎要带走屋顶。这让人想起了戈登·马塔-克拉克(Gordon Matta-Clark)的施虐行为。这种表演并不能挽救被拆毁的建筑,但能通过思考艺术、建筑和现实之间影响的可能性延长其生命。

云,1968年   飞屋顶房子,1973年

城市之心

法国默伦-塞纳特,1986 年

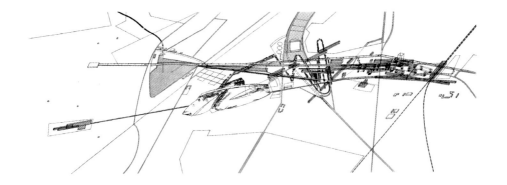

"对于我们来说,一个城市必须不试图掩盖多样性与矛盾、规模大与小、密度与空旷、喧闹和安静、热与冷、脆弱和活力、混乱与秩序,而是通过运行机构使之相连"。蓝天组是巴黎南部的默伦-塞纳特城市规划竞赛的赢家。他们的任务是规划调整一个受到三座小城市蔓延威胁的区域的发展,为了防止像猎豹一样的城市化发展,取而代之的是建立有机居住区。设计方案列出了三个阶段:第一阶段,建立能够容纳城市布局高密度化的基础设施网格;第二阶段,建设如炽热公寓项目的大型公寓,内部为层高5米的空间且完全空置,以便让居民自由居住;第三阶段,是在市中心上方建造一个能够把一切都纳入系统的 500 米 × 500 米的巨大屋顶建筑。

设计作品　　项目的轴测图

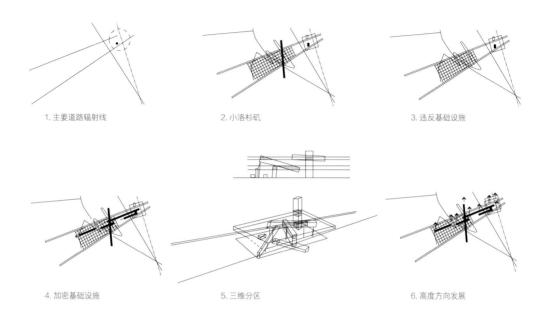

1. 主要道路辐射线
2. 小洛杉矶
3. 违反基础设施
4. 加密基础设施
5. 三维分区
6. 高度方向发展

　　对于普瑞克斯和斯维茨斯基来说，城市规划"不再是计划，更确切地说是计划性与活力矛盾的中止：在机遇和计算之间，在错误与正确之间，在差异与统一之间的矛盾。"矛盾与张力的结合形成自由的联系，可以实现如同设想真实场景的建筑外形。与封闭、不可移动的轴向空间不同，矢量、切线和对角线构成了强烈的开放空间"。在接下来的几年中，蓝天组通过数字化手段采取不同原始说明来强调（并尽力）接近城市作为"巧合的结合"的想法：云形成的物理定律，以及使大脑工作的复杂突触。

方案策略草图

欧洲中央银行（ECB）

德国法兰克福，2003-2014年

尽管有欧洲怀疑论者，但是很快决定将由蓝天组设计建造一座185米高的欧盟中央银行新址，预计2014年完工，欧洲大厦的工作人员将迁入新址。欧盟中央银行将会矗立在大市场厅旁边。那是一座美因河右岸带有220米×50米大小的顶棚、由马丁·埃尔塞瑟（Martin Elsaesser）设计的表现主义风格的建筑，开业于1928年。项目最重要的一点就是对这些巨大体量的融合：旧市场将作为大厦的"城市大厅"，内部设置新闻室、访客中心、图书馆、餐厅等，这种结合将通过绿化来节约土地。在大市场厅西侧区域的一个壮观的对角线"切口"，强调了两个"建筑中的建筑"之间的相交，一个水平而另一个垂直，并具有入口功能：大市场厅西侧区域在第二次世界大战期间遭到严重破坏，经过广泛的专家讨论后，认为即使按照原建筑复原重建也无济于事，于是用了不同的手法对原建筑进行处理。

大厦的造型和朝向与城市的景观紧密相关。

设计作品　　　现场地图和模型

从塔楼和大市场厅的视景

设计作品　　　剖面图

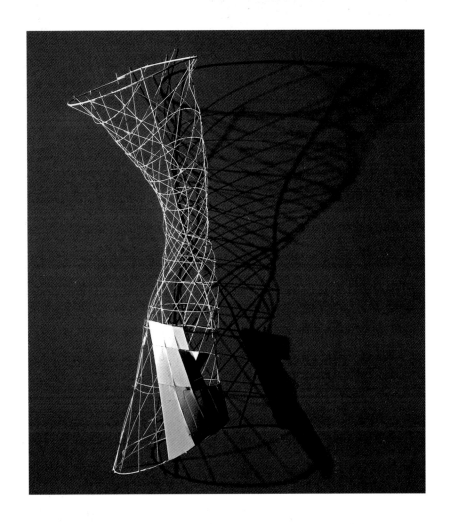

它被分割成两个完全不同立面的体块,维也纳 SEG 塔仍没被遗忘,通过中央玻璃核心从大厦顶部一直延伸到底部,将其连接在一起,平台、天桥、坡道与连接不同高度的空间和景观形成了一个垂直城市。倾斜的结构支撑没有明显的次序,插入两个办公楼使之相互支撑,特征是锥形雕塑的通高空间始终是建筑物的中心,位于典型的蓝天组"双锥"和正中的布鲁诺·穆纳里(Bruno Munari)的福克兰(Falkland)灯之间。它们被称为"舞蹈花园":除了一些攀缘植物的种植,中庭还有帮助建筑物内部换气的功能,并且与外墙结合促进了整个建筑的节能。

对舞蹈花园的研究

汇流博物馆

法国里昂，2001 年 /2010-2014 年

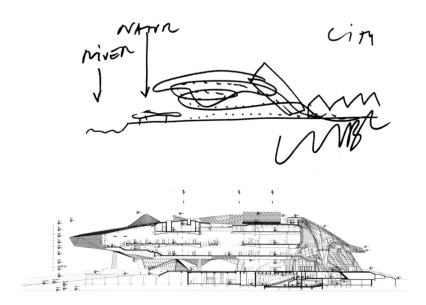

"未来社会将是知识社会。然而，这些知识很难划分为清晰的领域。实际上，创新是在间隙空间内无限期地重叠和杂交发展的。"正在建设中的里昂汇流博物馆，是专门为研究技术、伦理学和生物学之间神秘而富有成果的领域而创建的，表现了改变基因的建筑的熵增长。

蓝天组利用参数化建筑的潜力来控制如此庞大而复杂的项目，博物馆约 47000 平方米，每年接待游客 50 万人。想象一下一栋看起来像搁浅在罗纳河与索恩河汇合处的鲸类动物。它由悬在空中的两个部分组成：在为了通行和服务的混凝土的基座上，厚重的金属外皮包裹而成的身体和尾部形成了所谓的"云"，而头部则由"水晶"展示鲸类动物的脏腑。这一设计手法已经在很多项目中频繁出现，比如德累斯顿、俄亥俄州、维也纳的 SEG 塔等，当下已大规模实施。

纵向剖面图

博物馆的双重性具有一种隐喻：面对城市的水晶体作为日常生活体验的公共展示空间；云是一个被笼罩的展示空间，映射了探知未来的知识迷宫。但是，最恰当的隐喻仍然是鲸鱼，它再一次从赫尔曼·梅尔维尔的小说中捕获到了灵感。《白鲸》的形象，尽管他身负数吨重，却能像蜻蜓一样飞翔。事实上，蓝天组努力将建筑从原罪中解放出来——因为它的重量过大而无法触摸天空，这与它的形象尤其相配。

建筑渲染图

设计作品　　　博物馆建设施工

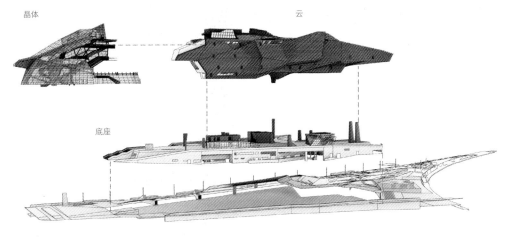

晶体　　　云

底座

周遭

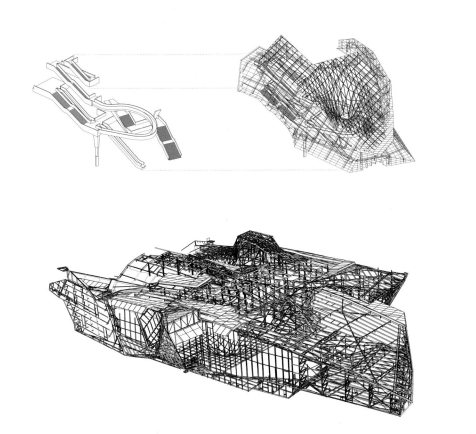

上图：建筑构件的草图
中图：流线系统草图
下图："云"的一级结构

建筑思想

从维也纳到洛杉矶的项目

加布里埃莱·内里：从您的书籍、演讲和建筑来看，您似乎一直与您的家乡维也纳有着爱恨交加的关系：一个对现代建筑充满恐惧的城市，同时也是您可以实现第一个具有破坏性建筑的地方。环城大道离您近吗？1968 年开始创立事务所时，维也纳的艺术和建筑的状况如何呢？

沃尔夫·狄·普瑞克斯：20 世纪 50 年代和 60 年代初，维也纳是一个又窄又落后的省会城市。镇压政策主导了艺术界。因此，巴黎学生带到广场上的"想象的力量"的口号是引发新发展革命的导火索。1968 年……那时，一切都爆炸了：建筑、艺术、音乐、哲学、政治和教育。我们讨论了诸如"如果一个人只从建筑的角度来思考，他会发现自己与建筑的关系是公正的"或者"每个人都是对的，但是没有什么是对的"。

这些新的发展虽然不如其他地方明显，但在维也纳发生了比其他许多城市更为激进的转变。我所指的是行动主义，是指我们当时提倡的建筑必须尽快进行实质性改变的必要性。

加布里埃莱·内里：1988 年，您在洛杉矶开设了第二家工作室。这是什么原因和契机呢？在一个被认为是欧洲城市模式对立面的城市，尤其是与维也纳相比，您发现了什么样的机遇？

沃尔夫·狄·普瑞克斯：人们都说洛杉矶与欧洲城市完全相反，因此与维也纳完全相反。尽管看起来似乎很奇怪，却是存在心理联系的。我认为，具体地说，维也纳和洛杉矶之间存在"劣势"关系，也就是说，如果洛杉矶的某物价值 +10，那么维也纳的物价将为 −10，反之亦然。

从某种意义上来说，在维也纳和洛杉矶之间存在着一种精神分析关系，除其他外，这归因于被迫逃离维也纳并最终来到洛杉矶的艺术家和知识分子的数量。洛杉矶是一个独立住宅城市，而相反，维也纳则人口非常稠密。

加布里埃莱·内里：您的建筑的主要目标超越单个建筑，是表达新的和深奥的思维和生活方式的城市空间。

自 20 世纪 60 年代以来，我们社会中的城市观念发生了怎样的变化？这些变化在多大程度上影响了您的项目？

沃尔夫·狄·普瑞克斯：让我们以维也纳为例考虑一下：维也纳一直是一个非常保守的城市，这里的生活非常惬意，今日比以往任何时候都是，但是极其不愿意改变。有太多官僚相信他们了解一切。尤其是在 20 世纪，真正的发明家不得不离开这座城市，这并不奇怪。我指的是像基斯勒（Kiesler）、勋伯格（Schönberg）、弗洛伊德（Freud）、波普尔（Popper）这样的人；他们开辟了真正的新道路，不是克里姆特（Klimt）和希勒（Schiele），也不是

奥托·瓦格纳（Otto Wagner）和路斯（Loos）。维也纳文化的问题之一是无法超越自己的疆界。它仍然固守着"维也纳举世闻名（Weltcelebmt in Wien）"的口号，不仅表现出对现代趋势的怀疑，而且还一再试图阻碍这些趋势。这是由于维也纳的精神地图造成的：对他们来说，市中心，与历史中心相对应的第一区，是理想的城市。在我看来，正是这种思维方式，除了单一中心的方法，阻碍了现代主义在维也纳的成功。

直到现在，得益于旨在与旧城区建立紧密联系的新中心的设计，现代建筑才能与时俱进。 您会注意到我使用了条件语句，对此持怀疑态度是有充分理由的。

加布里埃莱·内里： 互联网的出现将20世纪60年代建筑的许多奇特梦想变成了现实，例如永久连接、网络、数据和信息交换等。这场革命在多大程度上改变了建筑的概念和理念？

沃尔夫·狄·普瑞克斯： 在当前以短期记忆为主的数字化世界中，我们需要可读、可写、易记的建筑。我们必须留下能击败匿名性的标志，否则我们将在数字图像造成的干扰的模糊噪声中失去我们的身份。

航天飞行气球仓，1969年
摩访，威尼斯双年展，2008年

加布里埃莱·内里： 从图形到整体项目，您的作品都有一些强烈的几何和形式特征，这些特征无论大小、主题和位置如何变化，从20世纪80年代初（例如，我们认为，马里布的开放房屋）到您最近的作品都保持了一定的一致性。它的缘起是什么？这些年来您的项目设计有什么变化？

沃尔夫·狄·普瑞克斯： 我们的建筑图形（有点像国际象棋字符）在形式上和设计上都被赋予了"动作"。现在与之前一样，我们正在研究处理我们的所有项目，目的是引进生态控制和节能系统，这些被证明有效的但也是创新的系统，从一开始就是我们设计工作的一部分。这些动态系统并不是简单粗暴地添加到我们的项目中，而是定义我们建筑形式的基本力量。我们的项目不遵循规则：在这些项目中，形式不追随功能，功能也不从属于形式，因为我们成功地创造了形式与功能之间的协调相处。这些概念融合在一起，设计出高效的有机建筑体，并与特定情况（例如场地、方案、建筑和施工类型、预算）相匹配。因此，我们以一种动态的方式创造了能够反应实现复杂功能的雕塑。

加布里埃莱·内里： 在2012年仍然有可能建造一个新的前卫艺术品吗？

沃尔夫·狄·普瑞克斯： 我认为，在我们目前的讨论中，保守和倒退的观点、对进步的偏见性拒绝（不要忘记，进步就是生存，静止等于死亡）是一种危险的趋势。这种言论是有害的，因为作为机会主义的保守派，它没有提供综合的解决方案，有时甚至通过使用后法西斯形式语言获得共识。

加布里埃莱·内里： 您用一切来创作您的设计，从书写到打火机，然后还有闭上眼睛绘制草图；您用照片蒙太奇和肢体语言、真人大小的模型、视频投影、电脑、X射线……我忘记了什么吗？您与所表达的以及与这些工具有什么关系呢？

沃尔夫·狄·普瑞克斯： 模拟媒体和数字媒体之间的持续对话是我们工作过程的重要方面。策略设计以及模型（不是计算机的模型设计，而是真实的触觉模型）是我们每个项目的基本出发点。当然，我们也使用计算机进行设计，我们使用使建筑施工更加高效的程序。

然而，实际形式以及功能始终在物理模型上测试。非线性参数化设计是一种现代化的设计工具，它可以帮助我们通过计算机进行交流和建立我们的建筑形体。现在，最根本的一点是施工性，由于最新的设计工具，建筑师们可以第一次审查和控制时间以及是否满足预算。

建筑师正在转变成策划师，他的策略可能会产生一种全新的建筑文化新流派。换句话说，我们可以创造出对每个人都有利的新环境，而不仅仅是对个人有利。每个人，而不只是某些类别的人，都应该受益。

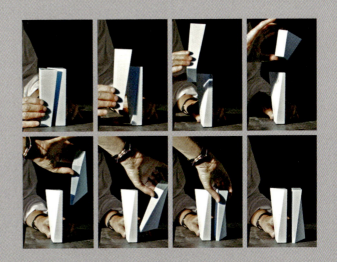

加布里埃莱·内里：尽管您的建筑与众不同,并且在某种意义上甚至有些怪诞,但您始终试图考虑建筑问题的实际要素,比如公寓的面积和成本、与官方机构的关系、经济因素等。从这个意义上说,您得到的最好结果是什么?

沃尔夫·狄·普瑞克斯：自1968年以来,我们一直说我们设计功能性雕塑。那时确实如此,今天仍然如此。只是,我们的功能性雕塑,换句话说就是新建筑,变得更大了。每一个建筑师都是凭经验进步的。

加布里埃莱·内里：1993年,您指出建造建筑物并不总是很重要,因为媒体的力量能够将未实现的项目转变为媒体现实 [沙漠风暴(Desert Storm),1993年]。 您今天对此怎么看? 在一个以图像的快速感知为主导的时代,是否仍然有可能产生大量的"虚拟"空间?

沃尔夫·狄·普瑞克斯：建筑是我们文化在元层次上的三维烙印。但实际上建造的建筑很沉重——从字面上看,确实如此。重量就意味着金钱。无论涉及什么金钱,政治都会占据优势。这就是为什么我们建筑师也必须从政治的角度来思考,而不是每天陷入政治的泥潭。这意味着我们必须有能力,有说服力和坚持不懈地确保采取最佳方案。建筑师必须始终平等对待客户、项目评审和政府官员。

实体模型设计
欧洲中央银行(ECB)
设计模型

加布里埃莱·内里：安东尼·维德勒（Anthony Vidler）在他的《建筑的异样性》（The Architectural Uncanny, 1992）一书中写道，在您的建筑面前，"不可否认，传统身体的拥有者感到威胁，因为观者感觉到扭曲和缺失，并以移情的方式将它们从建筑体投射到他的身体上。"您的建筑结构是否对"传统"的人构成威胁？

沃尔夫·狄·普瑞克斯：通常，当客户和用户看到我们未来建筑项目的第一眼就不明白我们为自己设定的艺术手法。我们的手法是政治美学，因此是新的和不熟悉的。一般而言，所有新事物和陌生事物都很容易被我们的社会所拒绝。

然而，当建筑变得具体，其正确的比例变得明显，客户就会感到非常高兴，最初的批评声音就会沉默，因为我们的建筑创造了空间和机遇。

加布里埃莱·内里：在20世纪60年代末和70年代，您是许多致力于类似主题的建筑师组成的网络的一部分（霍莱因、豪斯·努斯－艺术小组、阿基佐姆、超级工作室和激进建筑小组……）；在20世纪80年代，与盖里、里伯斯金、哈迪德、艾森曼等人一起工作，您被贴上了"解构主义"的标签……那么今天？您有感觉吗？

沃尔夫·狄·普瑞克斯：我回想起二三十年前发生的一件事：我去美国见了弗兰克·盖里和墨菲西斯建筑事务所成员。即便如此，我们也讨论了如何证明我们的建筑风格在项目实施时从任何物质约束中解放出来，它不仅在经济角度上具有同等价值，而且还具有附加价值。

至于理想价值观，我知道像弗兰克·盖里、汤姆·梅恩或扎哈·哈迪德这样才华横溢的建筑师特有的形式语言是非常重要的，就像我们的一样。我们的建筑经常被指责过于昂贵，或者根本不切实际；但现在我们比以往任何时候都能够驳斥这些批评。

实际上，我们正在参与建筑信息模型（BIM）领域中智能系统的开发，这一系统可以让我们在项目的早期阶段确定每个单独部分的成本，建筑物将由多少个元素组成，以及建筑物本身将产生哪些成本。

这样，任何变化都可以立即准确地计算出与时间和金钱变量有关的变化。这一定是通往新建筑文化的道路。

加布里埃莱·内里：批评家们给你的最尴尬或最不可接受的标签是什么？

沃尔夫·狄·普瑞克斯：很久以前，一位著名评论家来到我们工作室，看到一个项目的模型并大声疾呼："我希望这永远不会实现！这是绝对丑陋的。"

五年后，他在博物馆里看到了同一个模型，显然他忘记了它给他的第一印象，对我说："哇，您的项目真是越来越优雅了。"我的意思是，完全掌握新的美学概念的发展需要时间。

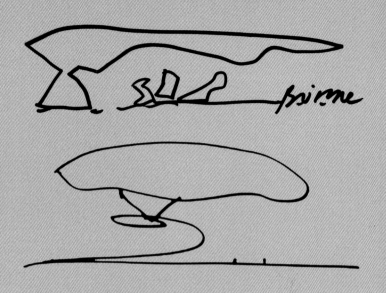

加布里埃莱·内里: 那么当前关于建筑的争论又如何呢? 应该更深入地解决哪些问题?

沃尔夫·狄·普瑞克斯: 当前,关于建筑的争论正在朝着保守的民粹主义方向发展。

然而,建筑学的任务不是将现状具体化,而是提供解决方案。复杂的问题需要复杂的解决方案,但是理解它们非常困难,这需要时间。简单的解决方案很容易被理解,但是与简单的解决方案不同,复杂的解决方案始终是新的。

加布里埃莱·内里: 在全球进行了将近 50 年的项目和建设之后,是什么让您的建筑保持活力?

沃尔夫·狄·普瑞克斯: 我对空中建筑的想法一直很感兴趣。我们建筑的未来是:没有重力,没有柱子……

我想将建筑物悬挂在空中。

因此,我们将不再需要一个单中心的观点。在这样的建筑中,我们可以毫不费力地移动。我的"云梦想"是在没有重力的情况下在太空中飞行。地心引力,这个建筑的决定性维度,将变得多余。建筑将自我解放。

宝马中心和汇流博物馆草图

加布里埃莱·内里: 蓝天组还是合作社吗? 建筑与简单建筑之间的界限是什么?

沃尔夫·狄·普瑞克斯: 团队的名称从一开始就被突出显示,并且仍然将项目开发过程确定为一个小组工作。

我实际上以 Prix / Coop Himmelb(l)au 的名称签名,但始终会出现 CHB(L) 标记。

我认为,尤其是在建筑中,创意是这项工作中非常重要的一部分。 自然,我同意德里达的观点,他曾经告诉我,小设计通常比一栋大建筑物更具说服力,但我始终坚信,激进的建筑不仅必须从根本上构思,而且必须完整建造。

加布里埃莱·内里: 您希望在未来 10 年内取得什么成就?

沃尔夫·狄·普瑞克斯: 我目前对未来城市的城市规划很感兴趣。

似乎不可避免,当代科学研究的成果在世界范围内被肯定为城市规划新方法创造的范例。

加布里埃莱·内里: 如果您有机会见到过去的一位伟大建筑师,您会选择谁? 您首先会问他什么?

沃尔夫·狄·普瑞克斯: 我想问一下勒·柯布西耶什么时候设计他的第一艘船。